Lena Schneider

Lass doch einfach los

Warum lieb gemeinte Ratschläge nicht immer hilfreich sind

Impressum

Bibliografische Information der Deutschen Nationalbibliothek: Die Deutsche Nationalbibliothek verzeichnet diese Publikation in der Deutschen Nationalbibliografie; detaillierte bibliografische Daten sind im Internet über dnb.dnb.de abrufbar.

© 2024 Lena Schneider
Bildnachweis Cover: istock/retrorocket
Bildnachweis Innenseiten: istock/retrorocket, pixabay/Eva Schmidseder
Lektorat: Emily Marler
Herstellung und Verlag: BoD – Books on Demand, Norderstedt
ISBN 978-3-7597-4359-6
www.bod.de

Lass doch einfach los.

Das ist doch nicht schlimm.

Du musst deine Komfortzone verlassen.

Hab keine Angst.

Da kannst du nichts machen.

Reiß dich zusammen.

Sieh es positiv.

Du musst doch jetzt mal wissen, was du willst.

Du musst auch mal Nein sagen.

Hör auf dein Herz.

Inhalt

Wenn das so einfach wäre

Vorwort

Als wir Kinder waren, wurde uns geraten, bei Kälte die Mütze aufzusetzen, die Portionen zu essen, die wir uns genommen haben, bei Bauchweh eine Wärmflasche auf die schmerzende Stelle zu legen, oder bei unserem ersten Liebeskummer darauf zu vertrauen, dass es uns bald wieder besser gehen wird. Ratschläge basieren auf eigenen Erfahrungen („Im Winter ist es draußen kalt"), inneren Überzeugungen („Du musst lieb sein") oder auch auf Werten, die wir an die nächste Generation weitergeben wollen („Sag danke"). Doch manchmal passen die Ratschläge nicht, so gut sie auch gemeint sein mögen. Auch wenn wir der anderen Person eigentlich helfen oder sie schützen wollen, sind Ratschläge nicht immer hilfreich. Sie können am eigentlichen Thema oder Anliegen vorbeigehen, als nervig und unpassend empfunden werden oder sogar verletzen.

Wie oft lassen wir uns wirklich auf die Person ein, die uns gerade etwas erzählt oder anvertraut hat? Geben wir den Rat, weil er für sie richtig ist oder weil wir glauben, dass er für sie richtig sein sollte?

Kürzlich hatte ich ein Gespräch mit einer Kollegin in der Kita, das ungefähr so verlief:

Ich: „Lorena, ich habe gerade etwas beobachtet. Ozan ist allein die Holzbrücke hochgeklettert, um dort mit Tamara zu spielen."

Lorena: „Ach, ja? Schreib dir das doch mal für sein Portfolio auf. Übrigens, mir ist letzte Woche aufgefallen, dass Theo nicht mit in den Garten geht, wenn er nur seine guten Schuhe dabeihat."

Ich: „Dann melde das doch seinen Eltern zurück. Vielleicht können sie ihm noch Turnschuhe mitbringen."

In diesem kurzen Gespräch hat sie mir einen Rat gegeben und ich ihr, ganz selbstverständlich – und ungefragt.

Als mir die Idee zu diesem Buch kam, beobachtete ich, wie oft wir uns im Berufs- und Privatleben gegenseitig Ratschläge geben und stellte überrascht fest: sehr oft. Nun ist das auch eine Typsache, mein Freund antwortet zum Beispiel einfach: „Hm". Und das war es dann auch schon mit dem Feedback. Aber in meiner Familie, in meinem Freundeskreis und in der Kita ist es üblich, dass wir Informationen nicht nur aufnehmen, sondern auch einordnen und bewerten. Natürlich gut gemeint. Wenn meine Schwester etwas bedrückt, möchte ich sie selbstverständlich trösten. Und was liegt näher, als ihr zu sagen: „Das wird schon wieder"? Aber hilft ihr das in diesem Augenblick wirklich? Nehme ich sie ernst oder will ich nur, dass es ihr so schnell wie möglich besser geht?

Ich habe drei Monate lang genau hingehört und unsere beliebtesten Ratschläge gesammelt. Auf den folgenden Seiten findest du die, die es in meine Top 10 geschafft haben. In den Beispielen geht es zunächst um die Situationen, in denen wir vorschnell einen Rat geben, unabhängig davon, ob es dem Gegenüber darum geht oder nicht. Bei den Lösungen schauen wir genauer hin: Was hätte die Person in dem Moment von ihrem Gegenüber gebraucht? Füge auch gerne deine Ideen hinzu. Jedes Kapitel endet mit einer Methode, die zum Thema passt. Wenn du also merkst: „Das beschäftigt mich auch häufig", findest du dort hilfreiche Impulse.

Wenn nächstes Mal jemand zu dir sagt: „Lass doch einfach los", kannst du souverän erwidern: „Danke, das will ich aber gerade nicht".

Und nun: Tauch ein in die bunte Welt der lieb gemeinten Ratschläge und lass dich überraschen, was es alles zu entdecken gibt. Viel Spaß dabei!

Lena

Definition

Ratschlag, der

[ˈraːtʃlaːk]

Ein einzelner Rat, der gegeben wird, beispielsweise wenn ein Problem geäußert wird.[1]

Synonyme sind:
Empfehlung, Vorschlag, Hilfestellung, Fingerzeig, Tipp, Hinweis.

Die 4 Seiten einer Nachricht

Wir können nicht nicht kommunizieren, sagte Paul Watzlawick[2]. Und wir können nicht nicht reagieren. Was wir sagen, senden wir mit einer Botschaft. Was wir hören, empfangen wir mit einer Botschaft – und reagieren darauf. Dabei können die Botschaften unterschiedlich sein, je nachdem, wie sie gesagt oder gehört werden. Nach Friedemann Schulz von Thun gibt es vier Möglichkeiten, eine Aussage zu meinen, und vier Möglichkeiten, eine Aussage aufzufassen. Als zuhörende Person hängt unsere Reaktion davon ab, mit welchem Ohr wir die Botschaft aufnehmen.[3]

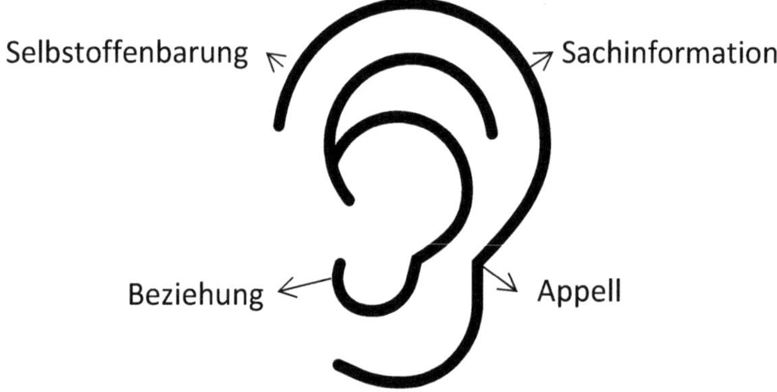

Zum Beispiel:

Dominik sagt zu dir:
„Das Café öffnet morgen erst um 10 Uhr."

Mit dem **Sachohr** nimmst du die Information auf und antwortest möglicherweise: „Ah, okay."

Mit dem **Appellohr** verstehst du, dass du aktiv werden sollst, und antwortest vielleicht mit: „Ah, dann suche ich uns ein anderes Café."

Mit dem **Beziehungsohr** verstehst du die Botschaft womöglich als Affront und erwiderst: „Ich habe doch gesagt, dass ich mir nicht sicher bin."

Und mit dem **Selbstoffenbarungsohr** hörst du vielleicht Dominiks Unzufriedenheit darüber, dass er selbst nachschauen musste, obwohl du das übernehmen wolltest, und erwiderst: „Ich hätte später nach den Öffnungszeiten geschaut."

Wenn wir also einen Rat geben wollen, stellt sich zuerst die Frage:

- Was will unser Gegenüber mit seiner Aussage eigentlich von uns?

Die zweite Frage ist:

- Wie fassen wir die Botschaft auf?

Das können ganz unterschiedliche Ansätze sein, die dann auch zu Konflikten führen können, je nachdem, ob wir uns verstanden oder missverstanden fühlen.

"

Man kann nicht nicht kommunizieren, denn jede Kommunikation
(nicht nur mit Worten) ist Verhalten und genauso wie man sich
nicht nicht verhalten kann, kann
man nicht nicht kommunizieren.

Paul Watzlawick

1.
Lass doch einfach los.

Die Situation:

Lisa arbeitet in einer Kita und ist nach der Arbeit mit ihren Freundinnen Nala und Sam in der Stadt verabredet. Nala bemerkt, wie abwesend ihre Freundin heute wirkt. „Was ist denn los?", fragt sie Lisa. „Ach, Mikas Eltern haben heute schon wieder nach dem Turnbeutel gefragt", antwortet sie. „Das lässt mir keine Ruhe: Wo könnte er denn sein?" Sam verdreht die Augen und sagt: „Lisa, du hast jetzt Feierabend, lass doch einfach los."

Wenn uns etwas beschäftigt, können wir es nicht so einfach ablegen wie eine Jacke oder einen Regenschirm. Ob es der vermisste Turnbeutel, der vergessene Geburtstag oder das merkwürdige Verhalten des Partners ist: Es ist normal, dass uns manche Gedanken nicht so schnell loslassen. Dabei kann das, was uns gedanklich beschäftigt, für unsere Mitmenschen völlig unverständlich sein, weil sie nicht so lange darüber nachdenken würden. Vielleicht haben sie andere Themen, die sie länger beschäftigen, oder sie tragen generell nicht so viel „Gedankenballast" mit sich herum.

Lass doch einfach los ist also der lieb gemeinte Rat, nicht so lange an Aussagen, Verhaltensweisen oder Nachrichten festzuhalten. Doch warum beschäftigen sie uns trotzdem und machen uns das Loslassen so schwer?

Warum wir grübeln

Grübeln hilft dabei, Situationen einzuordnen und zu verstehen. Wenn das Grübeln jedoch überhandnimmt, wir nicht mehr abschalten können und die Gedanken in einer Endlosschleife präsent sind, wirkt es eher belastend als entlastend. Grübeln bezieht sich in der Regel auf die Vergangenheit und richtet den Fokus eher auf negative Aspekte. Das Problem dabei: Auch wenn wir uns einen anderen Verlauf oder Ausgang wünschen, wird sich die Situation nicht mehr ändern. Sie ist so geschehen. Während wir beim Nachdenken nach einer Lösung suchen, führt das Grübeln nur dazu, dass wir immer wieder zur Ausgangsfrage zurückkehren, ohne sie klärend beantworten und abhaken zu können. Es ist wie bei Kühen, die ihre Nahrung wiederkäuen. Der Fachbegriff für Grübeln ist *Rumination*, eine wiederkehrende Art des Denkens.[4]

Entscheidend ist auch, wie wir Situationen bewerten. Wenn uns etwas beschäftigt, hat das einen Grund. Vielleicht sind die Eltern mit der Gruppe unzufrieden oder es fehlt wieder etwas und das löst Unbehagen aus. Wenn es uns wichtig ist, andere nicht zu enttäuschen, wenn uns ein gutes Arbeitsklima wichtig ist oder wenn wir dazu neigen, uns für Fehler zu schämen, werden wir uns bemühen, immer richtig zu handeln. Passiert dann ein Fehler, macht sich ein nagendes Gefühl in uns breit, verbunden mit der Frage: „Warum ist (mir) das passiert?".

Lösung für Lisa

Es beunruhigt Lisa, dass sie den Turnbeutel trotz einer groß angelegter Suchaktion nicht gefunden hat. In Gedanken geht sie immer wieder die Orte durch, an denen sie den Beutel gesucht hat. Als sie nach der Arbeit ihren Freundinnen davon erzählt, wird ihre Ratlosigkeit deutlich. Es ist ihr anzumerken, dass sie das Thema beschäftigt.

Welche Antwort hätte Lisa in diesem Moment gebraucht, um wirklich loslassen und entspannt in den Feierabend gehen zu können?

Möglichkeit 1:

Lisa: „Es lässt mir einfach keine Ruhe: Wo könnte er denn sein?"
Sam: „Ich verstehe, dass dich das beschäftigt. Du hast überall nach ihm gesucht."
Lisa nickt.
Sam: „Wie wäre es, wenn du morgen die Kolleginnen aus den anderen Gruppen einbeziehst und ihr gemeinsam sucht. Dann habt ihr bessere Chancen, ihn zu finden."

Möglichkeit 2:

Lisa: „Es lässt mir einfach keine Ruhe: Wo könnte er denn sein?"
Sam: „Gibt es denn einen Ort, an dem du noch nicht gesucht hast?"
Lisa überlegt.
Sam: „Schreib doch im Café mal auf, wo er noch sein könnte, dann kannst du morgen gleich die Stellen aufsuchen."

Möglichkeit 3:

Lisa: „Es lässt mir einfach keine Ruhe: Wo könnte er denn sein?"
Sam: „Hast du deine Kollegin schon gefragt, ob sie etwas weiß? Vielleicht hat sie gestern etwas mitbekommen und es dir nicht gesagt.
Lisa: „Ja, stimmt, wir waren heute in verschiedenen Gruppen eingeteilt."

Möglichkeit 4:

Lisa: „Es lässt mir einfach keine Ruhe: Wo könnte er denn sein?"
Sam: „Weißt du, was die Turnbeutel kosten?"
Lisa: „Um die fünf Euro."
Sam: „Wenn du ihn nicht findest, kannst du ja deine Leitung fragen, ob ihr der Familie einen neuen kaufen könnt."

Auf diese Weise wird Lisa mit ihren Gedanken ernst genommen. Sam lenkt sie kurz vom Grübeln ab und zeigt ihr Möglichkeiten auf. Ob Lisa die Vorschläge annimmt oder ihr später eine ganz andere Idee einfällt, ist dabei gar nicht so wichtig. Wichtig ist, das Grübeln zu unterbrechen und die Gedanken in neue, lösungsorientierte Bahnen zu lenken.

Welche Antwort fällt dir noch ein?

Methode AB IN DIE ZUKUNFT

Möglichkeit 1: Wenn deine Gedanken kreisen und kein Ende in Sicht ist, dann hilft es, wenn du dich fragst: *Was ist das Schlimmste, was passieren kann?*

Im Beispiel mit dem fehlenden Turnbeutel könnte die Antwort lauten: *Wir finden ihn nicht und müssen die Eltern informieren.*

Was wäre dann die denkbar schlimmste Reaktion der Eltern? *Möglicherweise, dass sie wütend werden und einen neuen Turnbeutel verlangen.* Warum wäre das schlimm?

Möglichkeit 2: *Auf einer Skala von 1 (unrealistisch) bis 10 (realistisch), wie wahrscheinlich ist es, dass der Turnbeutel wieder auftaucht?*

Möglichkeit 3: *Wie sieht dein Leben in sechs Monaten aus, wenn du den Turnbeutel nicht wiederfindest? Welchen Einfluss hat dieses Ereignis auf dein privates und berufliches Leben?*

Was bringt es dir? Du steigst aus dem Gedankenkarussell aus. Indem du deine Gedanken in eine andere Richtung lenkst (und dich damit tatsächlich *ablenkst*), erscheint dir das ursächliche Problem nicht mehr so groß. Du kannst es mit Abstand betrachten und durch neue Erkenntnisse umdeuten. Im Nachhinein stellst du vielleicht fest: „Es ist okay, wenn ich den Turnbeutel nicht finde. Wir finden schon eine Lösung." So kannst du entspannter in den wohlverdienten Feierabend starten.

2.

Reiß dich zusammen.

Die Situation:

Giulia ruft aufgeregt ihre Mutter an. Als Sofia abhebt und ihre Tochter fragt, wie es ihr geht, bricht es aus Giulia heraus: „Mama, ich weiß gar nicht, wo mir der Kopf steht. Matteos Lehrerin will mich schon wieder sprechen, Cara hat wieder Streit mit Emily und Martin ist die ganze Woche in München. Das ist einfach zu viel." Gelassen erwidert Sofia: „Giulia, das gelingt anderen Müttern doch auch. Reiß dich zusammen."

Wenn wir uns gestresst fühlen, ist es gar nicht so einfach, sich zusammenzureißen. Das ist auch gar nicht förderlich. Denn: Wenn wir gestresst sind, brauchen wir Entlastung. Wie auf einer Waage stehen sich Anspannung und Entspannung gegenüber. Wenn wir uns nun zusammenreißen und so weitermachen wie bisher, dabei vielleicht noch die Kiefer zusammenpressen, die Schultern hochziehen und immer flacher atmen, dann erhöhen wir die Anspannung sogar noch.

Jetzt reiß dich mal zusammen ist also der lieb gemeinte Rat, sich nicht aus der Ruhe bringen zu lassen, einen kühlen Kopf zu bewahren und stark zu sein. Doch woher stammen diese Überzeugungen?

Glaubenssätze – die unsichtbaren Begleiter

Für alles, was wir empfinden, gibt es einen Grund. Wenn wir viele Termine jonglieren, am besten alles zeitgleich erledigt haben müssen oder uns Unvorhergesehenes aus der Bahn wirft, brauchen wir ein Ventil. Dann hilft es nicht, einfach weiterzumachen, als ob uns das alles nichts ausmachen würde. Dann ignorieren wir unser Bedürfnis nach Ruhe, Ausgleich und Entspannung. Jedes Gefühl hat einen „Gegenspieler", der uns dabei hilft, wieder ins Gleichgewicht zu kommen.

Zum Beispiel:

Anspannung – Entspannung
Einsamkeit – Kontakt, Verbundenheit
Wut – Abgrenzung, Selbstbestimmung
Traurigkeit - Trost
Angst – Sicherheit, Vertrauen, Hoffnung[5]

Wir haben uns jedoch angewöhnt, unsere Gefühle zu übergehen. Aussagen wie „Du musst stark sein", „Jungs weinen nicht" oder „Mach doch nicht so ein Theater" führen dazu, dass wir uns für unsere Gefühle schämen, sie unterdrücken oder gar nicht mehr wahrnehmen. Die unsichtbaren Glaubenssätze aus unserer Kindheit beglei-ten uns. Es sind Sätze, die wir von unseren Eltern oder anderen wichtigen Bezugspersonen gehört haben, oder Botschaften, die uns in Kita und Schule vermittelt wur-den. Sie wurden zu unserem inneren Kompass, zu unse-ren Überzeugungen. Dadurch haben wir verlernt, auf uns selbst und die eigentlichen Botschaften zu achten.

Lösung für Giulia

Giulia versucht grundsätzlich, es allen recht zu machen. Sie setzt sich immer hundertprozentig für ihre Ideen, Projekte und Rollen ein. Wenn alles gut läuft, funktioniert das auch. Es gibt jedoch viele Faktoren, die sie nicht kontrollieren kann, und das ärgert sie. Es fällt ihr schwer, damit umzugehen, wenn andere nicht auf gleiche Weise bemüht sind, ihr Bestes zu geben.

Was hätte Giulia in diesem Moment gebraucht, um sich verstanden zu fühlen?

Möglichkeit 1:

Giulia: „Das ist einfach zu viel."
Sofia: „Hast du mit Matteo gesprochen? Worum könnte es im Gespräch mit der Lehrerin gehen?"
Giulia: „Ich weiß es nicht. Er mag keine Hausaufgaben machen. Vielleicht geht es wieder darum."
Sofia: „Dann ist das Gespräch doch eine wunderbare Gelegenheit, um herauszufinden, was Matteo stört und wie ihr ihm helfen könnt. Geht er mit?"
Giulia: „Eigentlich nicht, aber das ist eine gute Idee. Ich werde mich erkundigen."
Sofia: „Und hat Cara eine Idee, wie sie den Konflikt mit Emily lösen kann?"
Giulia: „Ich habe sie noch nicht gefragt. Ich kam nachhause und wurde sofort mit diesen Nachrichten konfrontiert."

Möglichkeit 2:

Giulia: „Das ist einfach zu viel."
Sofia: „Ja, das ist viel auf einmal. Was brauchst du jetzt, damit es dir besser geht? Wie kann ich dir helfen?"
Giulia: „Lieb, dass du fragst." (Pause) „Es hat gutgetan, das jetzt einfach so sagen zu können."

Möglichkeit 3:

Giulia: „Das ist einfach zu viel."
Sofia: „Wie wäre es, wenn ich mit Cara spreche? Dann hast du den Kopf frei für das Gespräch mit der Lehrerin?"
Giulia: „Das wäre eine große Hilfe, danke."

Möglichkeit 4:

Giulia: „Das ist einfach zu viel."
Sofia: „Ja, das ist viel auf einmal. Was willst du zuerst klären und was kann auch bis morgen warten?"
Giulia (hält kurz inne): „Ich möchte zuerst Cara helfen. Der Streit hat sie sehr mitgenommen."

Auf diese Weise kann aus der anfänglichen Panik, alle Aufgaben allein bewältigen zu müssen, eine Ordnung entstehen. Giulia bekommt einen Überblick und kann ihre Gedanken auf die Lösung lenken. Der Austausch hilft ihr, sich zu beruhigen und die Anspannung abzubauen.

Welche Antwort fällt dir noch ein?

Methode JA, DU DARFST

Erlaubersätze sind das Gegenstück zu den sogenannten Inneren Antreibern. Dieses Modell stammt aus der Transationsanalyse.[6]

Die fünf Antreiber sind: „Sei perfekt", „Sei (anderen) gefällig", „Beeil dich", „Streng dich an" und „Sei stark". Wenn wir unsere Gefühle nicht zeigen, weil wir gelernt haben, sie zu unterdrücken, entspricht das dem Inneren Antreiber „Sei stark". Das Pendant dazu wäre: „Du darfst deine Gefühle zeigen" oder „Alle Gefühle dürfen sein". Damit erlauben wir uns, die Bandbreite der Gefühle wahrzunehmen, ihnen Raum zu geben und sie präsent sein zu lassen.

Wenn du merkst, dass dich ein Innerer Antreiber einschränken will, kannst du dir die Erlaubersätze in Erinnerung rufen.

- „Sei perfekt" – „Ich bin gut, so wie ich bin."
- „Sei (anderen) gefällig" – „Ich darf auf meine Bedürfnisse achten."
- „Beeil dich" – „Ich darf mir Zeit lassen."
- „Streng dich an" – „Ich darf Spaß haben."
- „Sei stark" – „Ich darf meine Gefühle zeigen."

Du kannst dir die Sätze auch aufschreiben und an den Spiegel oder an die Pinnwand hängen. So hast du sie immer vor Augen.

Das Wichtigste an Kommunikation ist, zu hören, was nicht gesagt
wird.

Peter Drucker

3.

Du musst deine Komfortzone verlassen.

Die Situation:

Merle trifft ihre Partnerin Sani in der Mittagspause im Café. „Ich weiß nicht, ob ich mich zu dieser Fortbildung anmelden soll", beginnt Merle das Gespräch und fährt fort: „Dafür müsste ich fünf Wochen lang in die Innenstadt fahren und jedes Mal einen Parkplatz suchen. Das wird ewig dauern." „Merle, du musst deine Komfortzone verlassen", rät Sani ihr.

Diese gemütliche, wohltuende Komfortzone und der beliebte Rat, sie doch einfach mal zu verlassen. Als ob das so einfach wäre. Es ist normal, dass uns manche Gedanken beunruhigen, vielleicht sogar verunsichern. Etwas, das unbekannt oder fremd ist und eine Angst in uns triggert („Die Parkplatzsuche in der Innenstadt stresst mich"), kann dann unüberwindbar erscheinen. Was für andere kein Problem darstellt, kann für einen selbst ein sehr erschöpfender Gedanke sein.

Du musst deine Komfortzone verlassen ist also der lieb gemeinte Rat, etwas Neues auszuprobieren, das uns zunächst noch verunsichert. Warum bleiben wir aber lieber im Bereich des Bekannten, als uns kopfüber ins Ungewisse zu stürzen?

Die Macht der Gewohnheit

Wir lieben das, was wir kennen. Es macht uns das Leben leichter. Abläufe sind eingespielt und erfordern nur ein Minimum an Energie. Mit Neuem oder Unbekanntem tun wir uns schwer. Wer weiß, was von uns erwartet wird oder ob wir es schaffen? Ob wir pünktlich sind, wenn wir den Weg nicht kennen, oder ob wir uns mit den anderen

Teilnehmenden verstehen werden? Da scheint es doch so viel besser zu sein, bei dem zu bleiben, was uns vertraut ist. Und doch ist das Gewohnte häufig eine Tretmühle. Wenn wir uns nicht aus unserer Komfortzone herausbewegen, haben wir keine Möglichkeit, Neues zu lernen, uns auf neue Themen einzulassen oder im wahrsten Sinne des Wortes Neuland zu betreten. Dadurch verfestigen sich neue Strukturen, für die wir mit der Zeit immer weniger Energie aufbringen müssen und die dadurch selbst zur Routine werden.

Um die Komfortzone zu verlassen, brauchen wir vor allem Mut. Deshalb hilft es, zu visualisieren: Was habe ich davon, wenn ich mich dafür entscheide? Wichtig ist auch, sich bewusstzumachen, dass es viele kleine Schritte sind, die den Weg ausmachen. Manche Schritte führen auch kurzzeitig zurück. Denn auf die Komfortzone folgt zunächst die Angstzone. Wir reagieren unsicher, vielleicht auch ablehnend. Darauf folgt die Lernzone, wir bauen Selbstvertrauen auf, entwickeln neue Fähigkeiten, und erreichen schließlich die Wachstumszone, in der wir uns motiviert und zufrieden bewegen.[7] Dieser Prozess ist normal und verdeutlicht, dass Veränderungen nicht von heute auf morgen möglich sind. Und manchmal merken wir auch auf dem Weg: „Nein, das passt so noch nicht für mich".

Lösung für Merle

Merle mag es nicht, in der Innenstadt Auto zu fahren. Volle Straßen, viele Spuren, hitzköpfige Fahrer:innen – so ihr Eindruck. Sie kann sich im Augenblick auch nicht vorstellen, dass es ihr leichter fallen könnte, wenn der Kurs beginnt, oder dass ihr die Strecke nach ein paar Tagen nichts mehr ausmachen wird.

Welche Antwort hätte Merle in diesem Moment gebraucht, um sich mit der Situation besser zu fühlen?

Möglichkeit 1:

Merle: „Das wird ewig dauern.“
Sani: „Machst du dir Gedanken, dass du dann zu spät kommst?“
Merle: „Ja, unter anderem.“
Sani: „Wir können die Strecke mal Probe fahren, wenn du willst. Vielleicht gibt es in der Nähe ein Parkhaus.“

Möglichkeit 2:

Merle: „Das wird ewig dauern.“
Sani: „Ich weiß, dass du nicht gerne in die Innenstadt fährst. Könntest du denn auch mit der Bahn hinkommen? Wäre das eine Alternative für dich?“

Möglichkeit 3:

Merle: „Das wird ewig dauern.“
Sani: „Kannst du bereits im Vorfeld herausfinden, wer am Kurs teilnimmt? Vielleicht kommen andere Kursteilnehmer:innen auch aus deiner Richtung und ihr könnt eine Fahrgemeinschaft bilden.“

Möglichkeit 4:

Merle: „Das wird ewig dauern.“
Sani: „Gibt es einen alternativen Kursort, der für dich besser zu erreichen ist?“

Auf diese Weise kann sich Merle trauen, einen Schritt weiter zu denken. Anstatt sich vorzustellen, dass sie den Kursort nicht erreichen wird und in diesen Gedanken zu verharren, hat sie nun die Möglichkeit, sich vorzustellen, wie es wäre, eine Alternative zu finden, um dort sein zu können. Durch Sanis Vorschlag bekommt sie die Unterstützung, die sie dafür braucht. Miteinander in den Austausch zu gehen, Merles Gedanken aufzugreifen und fortzusetzen, kann auch zu der Erkenntnis führen, dass es etwas anderes ist, das sie beschäftigt. Etwas, das nichts mit dem Fahrtweg und der Parkplatzsuche zu tun hat.

Welche Antwort fällt dir noch ein?

Methode MACH'S MAL ANDERS

Stehst du normalerweise mit dem rechten Bein auf, dann versuche es heute mit dem linken – oder umgekehrt. Wenn du mit der linken Hand in den Schrank greifst, um die Kaffeepads zu holen, nimm heute die rechte Hand. Ziehst du zuerst die Socken und dann die Hose an, versuche es heute umgekehrt: erst die Hose, dann die Socken.

Mit diesen kleinen Übungen überraschst du dein Gehirn, das eigentlich darauf eingestellt ist, dass alles so läuft wie immer. Jetzt merkt es aber: *Huch, das ist neu*. Es wird erst einmal davon ausgehen, dass das nur eine einmalige Sache war. Wenn du es aber am nächsten und übernächsten Tag auch so machst– vielleicht sogar die ganze Woche – dann wird dein Gehirn aus dem Konzept gebracht. Es wird sich mit der Zeit daran gewöhnen, so wie es sich an jede Veränderung gewöhnt. Bis dahin hast du aber neue Spuren gelegt und kannst wählen, welche du heute nimmst. So hast du verschiedene Möglichkeiten, deinen Tag zu gestalten. Natürlich hast du auch immer die Wahl, alles beim Alten zu lassen oder hin und her zu wechseln.

Was bringt dir das? Du erweiterst deinen Horizont. Auf einmal ist es gar nicht mehr so abwegig, dich zum Kurs anzumelden, denn du kannst mit dem Auto in die Stadt fahren oder alternativ die Bahn oder den Bus nehmen, vielleicht sogar das Fahrrad. Du hast eine Vielzahl an Möglichkeiten wie in einem bunten Blumenstrauß. Auf diese Weise sorgst du auch dafür, dass mehrere „Spuren" aktiv bleiben.

4.

Du musst
doch jetzt
mal wissen,
was du willst.

Die Situation:

Opa Willi fragt seine Enkelin Matilda beim Familientreffen, wie es ihr geht. Sie erzählt ihm begeistert von einem zweijährigen Kurs, der im nächsten Monat beginnt: „Ich freue mich, wieder etwas Neues zu lernen. Kunst mit Kindern bietet so viele Möglichkeiten." Er lehnt sich zu ihr: „Mensch, Matilda, du kannst doch nicht ewig so weitermachen. Du musst doch jetzt mal wissen, was du willst."

Wäre es nach Opa Willi gegangen, hätte Matilda ein Haus gekauft („Das gibt dir Sicherheit"), ihren Job bei der Stadtverwaltung behalten („Der ist doch so gut bezahlt") und ihren ersten Freund geheiratet („Der ist so lieb"). Stattdessen reiste sie um die Welt, arbeitete als Nanny, machte ihren Bachelor und kehrte zwischendurch immer wieder in die Kita zurück, in der sie so gerne tätig war. Sie hatte keine Zeit, ein Haus zu bauen, und hätte es unfair gefunden, ihren Freund an sich zu binden. Sie gewöhnte sich daran, Dinge ein wenig anders zu machen, auch wenn ihr Großvater das nicht mitansehen konnte.

Du musst doch jetzt mal wissen, was du willst ist der lieb gemeinte Rat, ein Ziel im Leben zu haben und nicht von einer Idee zur nächsten zu springen. Doch warum kann es bedeutsam sein, sich nicht für eine einzige Sache entscheiden zu müssen?

Die Qual der Wahl

Jeden Tag treffen wir Entscheidungen: angefangen beim Aufstehen (ja/nein), beim Anziehen (leger oder schick), bei der Tagesplanung (kleine oder große Joggingrunde, Fahrrad oder Straßenbahn, Spielplatz oder Eis essen…).

Und dann gibt es die Entscheidungen, die uns schwerer fallen: Bleibe ich in diesem Job oder wechsle ich die Stelle? Kaufe ich eine Wohnung oder reicht es mir, sie zu mieten? Lege ich das Geld an oder nutze ich es für eine Weltreise? Melde ich meinen Sohn in der Krippe an oder könnte es ihm in einer kleineren Gruppe besser gehen? Wir wägen sachlich die Vor- und Nachteile ab, befragen unser Bauchgefühl und finden uns mitten in einem Dilemma wieder: Kopf oder Bauch? Wer hat denn nun Recht?

Die Welt ist voller Optionen. Manchmal führt aber genau diese Fülle zu dem Gefühl, etwas zu verpassen oder falsch zu machen. Entscheidungen wirken dann einengend, abschließend, als seien sie endgültig und unumkehrbar.

Wir passen nicht alle in dasselbe Lebenskonzept. Und wenn wir versuchen, uns anzupassen, werden wir wahrscheinlich sehr unglücklich. Es ist schön, verschiedene Berufsfelder kennenzulernen, unterschiedliche Erfahrungen zu sammeln und seine Stärken ausleben zu können. Das macht für viele den Reiz des Lebens aus. Und doch kann es für andere Menschen ganz anders sein. Während das Ziel von Opa Willi wäre: „Finde einen Beruf, in dem du dein Leben lang bleiben kannst", ist Matildas Ziel: „Mache das, was dich glücklich macht".

Tipp: Manchmal geht es nicht um ein Entweder-Oder, sondern um ein Sowohl-als-auch. Wenn wir verschiedene Interessen haben und nicht wissen, welcher Idee wir folgen sollen, kann es sinnvoll sein, zu überlegen, welche sich wie in den Alltag integrieren lassen. Durch

Abend- oder Wochenendkurse, Bildungsurlaube oder auch durch das Anmieten einer Werkstatt, um einmal in der Woche der Leidenschaft fürs Töpfern nachzugehen, können wir verschiedene Interessen jetzt bereits in unser Leben integrieren – ohne auf *später* warten oder eine Entscheidung *gegen* etwas treffen zu müssen. Eine weitere Möglichkeit ist, das Jahr unter ein Motto zu stellen und etwas Neues auszuprobieren, beispielsweise das Motto „neues Hobby" und Surfen zu lernen. Im nächsten Jahr wählst du vielleicht das Motto „Ehrenamt" und wirst Lesepat:in in der Kita oder arbeitest zweimal die Woche im Tierheim.

Für mich oder für dich?

Wenn uns andere Menschen davon abbringen, etwas zu tun, das uns wichtig und richtig erscheint, verzichten wir auf etwas, das wir unter Umständen später bereuen. Eine hilfreiche Frage ist daher: Tue ich das für dich oder für mich? Für dich, um dich nicht zu verärgern, um keinen Streit zu verursachen oder um dich nicht zu enttäuschen. Für mich, weil es sich richtig anfühlt und ich es ausprobieren will. *Wir dürfen andere enttäuschen, wenn uns das davor bewahrt, uns selbst zu enttäuschen.* Wir dürfen eine Entscheidung treffen, die andere nicht gut finden. Das tun wir nicht, weil wir uns gegen sie wenden, sondern weil wir für uns selbst einstehen.[8]

Lösung für Matilda

Matilda liebt ihren Großvater. Sie berichtet ihm gerne von ihren Unternehmungen, auch wenn er nicht mit allem einverstanden ist, was sie tut. Trotzdem ist es jedes Mal wie ein kleiner Stich ins Herz, wenn sie das Gefühl hat, nicht so sein zu dürfen, wie sie ist.

Welche Antwort hätte Matilda in diesem Moment gutgetan?

Möglichkeit 1:

Matilda: „Ich freue mich, wieder etwas Neues zu lernen. Kunst mit Kindern bietet so viele Möglichkeiten."
Opa Willi: „Es freut mich, dass du wieder etwas gefunden hast, das dich begeistert. Schön zu sehen, wie du aufblühst, wenn du davon berichtest."

Möglichkeit 2:

Matilda: „Ich freue mich, wieder etwas Neues zu lernen. Kunst mit Kindern bietet so viele Möglichkeiten."
Opa Willi: „Was ist das für ein Kurs? Erzähl mal."

Möglichkeit 3:

Matilda: „Ich freue mich, wieder etwas Neues zu lernen. Kunst mit Kindern bietet so viele Möglichkeiten."
Opa Willi: „Wenn der Kurs an der Uni stattfindet, hast du es ja nicht weit zu uns. Komm gerne zum Mittagessen vorbei."

Möglichkeit 4:

Matilda: „Ich freue mich, wieder etwas Neues zu lernen. Kunst mit Kindern bietet so viele Möglichkeiten."
Opa Willi: „Ich weiß, dass du deinen eigenen Weg gehst. Mir hat immer der Mut dazu gefehlt. Es ist bemerkenswert, wie du strahlst, wenn du davon berichtest."

Auf diese Weise erfährt Matilda die Anerkennung ihres Großvaters, die ihr guttut. Er bestärkt sie darin, den Entscheidungen, die sie für sich trifft, zu vertrauen. Es eröffnet ihr auch die Möglichkeit zur Kommunikation. Sie fühlt sich nicht abgelehnt oder in ihren Entscheidungen unsicher, sondern kann sich mit ihrem Großvater über die Inhalte oder den Verlauf der Weiterbildung austauschen, wenn er sich dafür interessiert.

Welche Antwort fällt dir noch ein?

Methode STÄRKENDE SÄTZE 

Wenn dich die Aussagen von Personen belasten, die dich in deiner Integrität verletzen, dir deine Selbstständigkeit absprechen oder es „einfach gut mit dir" meinen, gibt es Sätze, die dich stärken können. Sie zeigen dem Gegenüber deutlich eine Grenze auf, nämlich deine. Und zwar ohne Rechtfertigung, Erklärung oder das Gefühl, nie genug zu sein.

Nimm dir den Satz, den du brauchst:

Ich bin froh, dass ich eine eigene Meinung habe.

Ich danke dir für deinen Rat und entscheide mich anders.

Ich bin sicher, dass ich heute Nacht gut schlafen werde.

Ich nehme zur Kenntnis, dass dir die Idee nicht gefällt.

Ich höre lieber auf mich.

Es ist gut, dass du nicht in meinen Schuhen steckst.

Ich erwarte nicht, dass dir die Entscheidung zusagt.

Du kennst mich gut und vielleicht hast du Recht. Lass es uns doch abwarten.

Vielleicht fallen dir beim Lesen noch weitere Sätze ein. Notiere sie hier (oder auf den Notizseiten im Anhang). Wichtig ist, dass du auf weitere Erklärungen verzichtest. Hier geht es um deine Botschaft, und die braucht keine Begründung.

5.

Sieh es positiv.

Die Situation:

Chloé telefoniert gerade mit ihrer Freundin Jackie, als sie die Wohnungstür aufschließt. „Oh, ich sehe gerade, dass Raphael seine letzten Sachen geholt hat", stellt sie überrascht fest, als sie in den Flur tritt. „Ja, Chloé, das gehört zur Trennung dazu", antwortet Jackie. „Sieh es positiv: Du kannst jetzt machen, was du willst."

Lässt sich der Hebel so schnell umlegen? Ist es nicht so, dass wir die Traurigkeit, die uns überkommt, erst durchleben müssen, um den Abschied zu verarbeiten? Die Zeit heilt alle Wunden, heißt es. Doch das tut sie nicht. Sie kann allerdings dafür sorgen, dass sich die Wunde schließt, auch wenn eine Narbe zurückbleibt.

Sieh es positiv ist der lieb gemeinte Rat, sich nicht hängen zu lassen, kein Trübsal zu blasen und positiv nach vorne zu schauen. Doch woran liegt es, dass wir die Welt nicht immer durch die rosarote Brille sehen?

Toxische Positivität

Es gibt eine Reihe von Gefühlen, die uns überwältigen, bis wir sagen können: Jetzt habe ich mich damit abgefunden. Oder: Jetzt kann ich damit leben. Die fünf Phasen der Trauer nach Elisabeth Kübler-Ross sind: 1. Schock, Verleugnen, 2. Wut, 3. Verhandeln, 4. Depression, 5. Loslassen, Neuorientierung.[9]

Diese Phasen sind menschlich. Sie stellen den normalen Prozess dar, den wir bei der Bewältigung von einschneidenden Erlebnissen erfahren. Dabei können die einzelnen Phasen unterschiedlich stark empfunden oder auch in unterschiedlicher Reihenfolge durchlebt werden.

Wenn wir nun alles positiv sehen würden, würden wir die Probleme, Sorgen und Herausforderungen ignorieren. Wir könnten sogar leichtsinnig handeln. Gefühle erinnern uns daran, dass wir etwas zu verarbeiten haben, und schützen uns.

Wusstest du, dass jeder Gedanke einen großen negativen Anteil hat?[10] Aus diesem Grund fallen uns Risiken und Gefahren eher auf als Möglichkeiten und Chancen. Und das ist wichtig. Wenn wir nur auf die Blumen auf dem Wegesrand achten, anstatt das herannahende Auto wahrzunehmen, dann riskieren wir einen Unfall. Deshalb nehmen wir zuerst das Auto wahr und die Gefahr, die von dieser Situation ausgeht. Im Laufe der Zeit vergessen wir aber, auch mal auf die Blumen zu achten. Dabei kann uns entgehen, wie bunt die Welt ist. Deshalb lohnt es sich, mögliche Gefahren nicht aus den Augen zu verlieren *und* die schönen Dinge wahrzunehmen.

Standardantwort: Gut

Was antwortest du auf die Frage: „Wie geht es dir"? Ehrlich oder mit der Standardantwort: „Gut", auch wenn dir gerade nicht nach *gut* zumute ist. Obwohl die Frage oft nur aus Höflichkeit gestellt wird und die Person, die sich nach dem Wohlergehen erkundet, nicht unbedingt an einer ehrlichen Antwort interessiert ist, zeigt sich hier, wie wir damit umgehen. Aus Gewohnheit antworten wir mit: „Gut". Manchmal erweist sich diese Antwort als passend, weil wir mit der fragenden Person nicht ins Detail gehen möchten oder gerade nicht über das persönliche Befinden sprechen wollen. Trotzdem sollten andere Antworten, die ebenso kurz sein können, genauso zulässig sein.

Probier es doch mal aus: Wenn du das nächste Mal gefragt wirst, wie es dir geht, überlege dir eine Antwort, die deinem ehrlichen Befinden entspricht, das natürlich auch *gut* sein kann. Alternativen könnten sein: „Heute bin ich etwas müde", „Ich brauche dringend einen Kaffee", „Ich bin etwas angespannt/unruhig/demotiviert" oder einfach „Erschöpft", „Urlaubsreif", „Lustlos", „Unmotiviert".

Als Beispiel für toxische Positivität wird oft der Satz „Good vibes only" (#goodvibesonly) genannt, da er den Eindruck vermittelt, dass nur die guten Vibes willkommen sind. Die ursprüngliche Idee war wohl eher, Menschen, die viele negative Gedanken haben, an die schönen Seiten des Lebens zu erinnern. Doch Ratgeber, Blogartikel und Reportagen, die beschreiben, wie einfach es ist, positiv zu denken, erhöhen den Druck auf die Konsument:innen, als ob „schlechte" Gefühle nicht existieren dürfen. Im Gegenzug dazu entstand #allvibeswelcome. Der Slogan macht deutlich, dass alle Gefühle wertvoll und wichtig sind.

„Es ist am besten, realistisch zu sein. Das erhöht langfristig Glück und psychisches Wohlbefinden erheblich im Vergleich zu Menschen, die eher optimistisch oder pessimistisch sind"[11], sagt Dr. Chris Dawson von der University of Bath. Während sich Pessimisten auf das Schlimmste einstellen und dadurch ausblenden, dass etwas besser ausgehen könnte als erwartet, konzentrieren sich Optimisten nur auf das Gute und laufen Gefahr, enttäuscht zu werden. Eine rationale und realistische Einschätzung von Situationen führt also eher zu Glück und Zufriedenheit.[12]

Lösung für Chloé

Raphael und Chloé haben sich vor einer Woche einvernehmlich getrennt. Zuvor hatten sie mehr als zwei Jahre zusammengelebt. Als Chloé in den Flur kommt und die Wohnung plötzlich leer sieht, tut es ihr weh – trotz jeder Vernunft und Weitsicht. Es ging alles sehr schnell. Vielleicht sogar zu schnell.

Welche Antwort hätte Chloé in diesem Moment gutgetan?

Möglichkeit 1:

Chloé: „Oh, ich sehe gerade, dass Raphael seine letzten Sachen geholt hat."
Jackie: „Das war keine leichte Woche. Wie geht es dir?"
Chloé: „Es ist ein blödes Gefühl, fast so, als hätten wir zu früh aufgegeben."

Möglichkeit 2:

Chloé: „Oh, ich sehe gerade, dass Raphael seine letzten Sachen geholt hat."
Jackie: „Ich wart lange zusammen. Bist du enttäuscht, dass die Beziehung nicht gehalten hat?"
Chloé: „Nein, enttäuscht nicht, nur traurig. Ich hätte mich gerne richtig von ihm verabschiedet."

Möglichkeit 3:

Chloé: „Oh, ich sehe gerade, dass Raphael seine letzten Sachen geholt hat."
Jackie: „Ihr seid zusammen eingezogen. Es ist bestimmt ungewohnt, die Wohnung jetzt so leer zu sehen."

Chloé: „Zum Glück hat er mir die Couch und den Fernseher dagelassen.“

Jackie: „Hast du Lust auf einen Filmabend? Ich kann Popcorn mitbringen.“

Möglichkeit 4:

Chloé: „Oh, ich sehe gerade, dass Raphael seine letzten Sachen geholt hat.“

Jackie: „Hat er eine Nachricht hinterlassen? Hättest du ihn gerne noch einmal gesehen?“

Chloé: „Ich werde mich noch einmal bei ihm melden. Sich zu verabschieden, müsste ja noch möglich sein, oder?“

Auf diese Weise kann Chloé ihren Gefühlen Raum geben. Sie kann aussprechen, was sie gerade als belastend empfindet und damit auch zulassen, eine Lösung zu finden. Diese Lösung kann auch darin liegen, sagen zu dürfen: „Mir geht es gerade nicht gut.“

Welche Antwort fällt dir noch ein?

Methode BODYSCAN

Diese Methode ist eine Achtsamkeitsübung. Sie hilft dir, wahrzunehmen, was du gerade empfindest. Es geht darum, das, was du wahrnimmst, nicht zu bewerten. Du akzeptierst, was ist.

Wie geht es dir bei dem Gedanken an … (deinen Beruf, deinen Partner, deine Partnerin, die Trennung, den morgigen Tag, die nächste Kursstunde, das Gespräch mit der Lehrerin o. ä.)?

Leg dich hin und finde eine bequeme Position. Sollte es sich für dich nicht gut anfühlen, zu liegen, kannst du natürlich auch eine sitzende Position wählen. Lege die Arme links und rechts von dir ab. Wenn du möchtest, kannst du die Augen schließen. Wähle eine Frage aus und spüre in dich hinein:

Was macht diese Frage mit dir?

Lass die Gedanken kommen und gehen. Sie ziehen vorbei wie Wolken am Himmel.

Achte auf deinen Atem und lass ihn in seinem natürlichen Rhythmus fließen.

Wie fühlt sich dein Brustkorb an?

Wie geht es deinem Bauch?

Wie fühlen sich deine Arme und Beine an?

Wie geht es deinem Nacken und deinem Hinterkopf?

Wie fühlt sich dein Gesicht an?

Richte deine Aufmerksamkeit auf alle Bereiche deines Körpers. Alles, was du empfindest, darf sein. Gedanken kommen und gehen. Du lässt sie ziehen.

...

Beende die Übung, wenn es sich für dich richtig anfühlt. Lenke deine Aufmerksamkeit wieder in den Raum zurück, in dem du bist, nimm die Geräusche um dich herum wahr und öffne die Augen, wenn du bereit dazu bist.

Sollte ein Gefühl zu unangenehm, stark oder schmerzhaft sein, kannst du die Achtsamkeitsübung jederzeit beenden.

Tipp: Wenn du die Übung nicht allein machen willst oder es leichter für dich ist, wenn dir jemand den Text vorliest, bitte eine andere Person um Hilfe.

Gute Ratschläge gebe ich immer weiter. Es ist das Einzige, was man damit anfangen kann.

Oskar Wilde

6.
Hab
keine Angst.

Die Situation:

Sara erzählt ihrer Schwester Anna von ihrer bevorstehenden Knieoperation. „Ich habe schon ein mulmiges Gefühl, ich mag keine Narkosen." Anna, die schon einige Operationen hinter sich hat, antwortet ihr: „Ach, das ist doch schnell vorbei. Hab keine Angst."

Wenn das nur so einfach wäre. Unbekanntes kann Freude auslösen (wie die Vorfreude auf einen Hubschrauberrundflug), die Abenteuerlust wecken (wie die Planung des nächsten Aktivurlaubs) oder uns beunruhigen (wie eine anstehende OP), denn zunächst ist das Unbekannte eben genau das: Es ist uns nicht vertraut. Wir kennen es nicht, wissen nicht, was genau auf uns zukommt und haben noch keine Strategie entwickelt, um damit umzugehen. Unbekanntes kann also ein Gefühl der Unsicherheit auslösen. Auf Unsicherheit reagieren wir mit einem *mulmigen Gefühl* oder eben auch angstvollen Gedanken. Vielleicht haben wir auch bereits etwas Ähnliches erlebt und unsere Erfahrung erinnert uns daran: „Du warst mal in einer ähnlichen Situation und da gab es ein Problem. Was ist, wenn es hier wieder so ist?"

Hab keine Angst ist also der lieb gemeinte Rat, sich von einengenden oder bedrückenden Gefühlen zu lösen. Doch sollten wir dann nicht besonders gut hinhören?

Der Elefant im Raum

„Denk jetzt nicht an den rosa Elefanten!" Ping, da ist er. Wir können ihm natürlich aus dem Weg gehen, versuchen, ihn nicht vor unserem inneren Auge zu sehen. Aber bei mir trabt der rosa Elefant munter durch den Raum, so sehr ich auch versuche, NICHT an ihn zu denken. Und woran liegt das? An der simplen Tatsache, dass wir uns nicht nichts vorstellen können. Wir hören also die gegensätzliche Botschaft: Denk an den rosa Elefanten. Kleiner Exkurs: Deshalb ist es auch im Umgang mit Kindern wichtig, Sätze positiv zu formulieren: „Klettere bitte vorwärts hoch" statt „Geh da nicht rückwärts hoch" oder „Zieh deine Schuhe an" statt „Geh nicht barfuß raus". Denn diese Sätze implizieren genau das, was wir in diesem Augenblick nicht beabsichtigen: Rückwärts klettern und barfuß rausgehen. Natürlich spielt auch der Reiz des Verbotenen eine Rolle: Was wir verbieten, wird dadurch nur umso interessanter. Gut, das gilt jetzt nicht für den rosa Elefanten. Er schaut so oder so vorbei. Und so ist es eben auch mit der Angst.

Die Angst zu ignorieren, ist wie dieser Elefant, der für alle sichtbar im Raum steht, so sehr man auch so tut, als gäbe es ihn nicht. Auf Dauer kann das zermürben, wenn nicht sogar die Angst verstärken. Denn für das, was wir nicht wahrnehmen oder was wir verdrängen, hat unser Kopf etwas Wundervolles erfunden: den Teufelskreis. Immer und immer wird er uns Botschaften senden mit dem immer deutlicher werdenden Hinweis: Nimm das bitte ernst. Und so kann es passieren, dass aus der sprichwörtlichen Mücke ein riesiger (rosa?) Elefant wird. Besser: Die Angst von Anfang an wahrzunehmen und sich zu fragen: Was will sie mir sagen? Wovor will sie mich schützen?[13] Und dazu gehört auch, sich unterstützen zu lassen, wenn es allein nicht mehr bewältigbar ist.

Lösung für Sara

Sara macht sich große Sorgen um die bevorstehende Operation. Vor allem hat sie Angst vor der Narkose. Bei ihrer letzten Operation hat sie lange gebraucht, um sich davon zu erholen. Seitdem vermeidet sie jeden Gedanken daran.

Welche Antwort hätte Sara geholfen?

Möglichkeit 1:

Sara: „Ich habe schon ein mulmiges Gefühl, ich mag keine Narkosen."
Anna: „Stimmt, du hast erzählt, dass dir die Narkose beim letzten Mal ziemlich zugesetzt hat. Wie wirst du das im Vorgespräch mit der Ärztin ansprechen?"

Möglichkeit 2:

Sara: „Ich habe schon ein mulmiges Gefühl, ich mag keine Narkosen."
Anna: „Was könnte dir helfen, dass es dieses Mal anders wird?"

Möglichkeit 3:

Sara: „Ich habe schon ein mulmiges Gefühl, ich mag keine Narkosen."
Anna: „Was genau bereitet dir Sorgen?"

Möglichkeit 4:

Sara: „Ich habe schon ein mulmiges Gefühl, ich mag keine Narkosen."
Anna: „Phils Onkel ist Anästhesist. Wenn du willst, frage ich ihn mal, ob er einen Tipp hat."

Auf diese Weise kann Sara herausfinden, was der Grund für ihre noch recht diffuse Angst ist. Ist es die Sorge, dass es nach der Operation lange dauern wird, bis sie sich wieder normal fühl, oder hat sie Angst davor, nicht wieder laufen zu können? Vielleicht findet sie durch das Hinterfragen heraus, dass es keiner der beiden Punkte ist, weil sie sich eigentlich Sorgen darüber macht, nach dem Eingriff lange im Beruf und Sport auszufallen und ihre Arbeitsstelle zu verlieren.

Welche Antwort fällt dir noch ein?

Methode GEFÜHLEN FOLGEN

Nimm dir ein Blatt Papier und zeichne eine Linie. Markiere einen Anfangs- und einen Endpunkt. Der Anfangspunkt symbolisiert den Start des Gefühls. Male ein Symbol für das Gefühl an den Startpunkt. Visualisiere nun den Endpunkt (im Beispiel wäre das die Operation im Krankenhaus). Male das Gefühl auf diesem Weg in unterschiedlichen Größen. Wann wird es größer sein, wann kleiner? An welche Situationen knüpft es an? Wann ist es am größten? Wann ganz klein?

Nun kannst du dir überlegen, was dir dabei hilft, mit der Angst umzugehen, wenn sie groß ist, und wie du mit ihr umgehen kannst, wenn sie klein ist. Vielleicht erkennst du auch ein Muster (das Gefühl wird stärker, sobald ein Arzttermin ansteht, das Gefühl wird schwächer, wenn der Termin vorbei ist). Was tut dir gut, wenn das Gefühl stark ist? Vielleicht ist es eine beruhigende Sprachaufnahme von einer Person, die dir wichtig ist. Vielleicht das Hören deiner Lieblingsmusik. Vielleicht das Eintauchen in ein Buch. Vielleicht tut es dir gut, eine Runde zu joggen. Es geht nicht darum, die Angst zu verdrängen. In Situationen, in denen das Gefühl besonders stark ist, kann es helfen, etwas zu tun, dass dich wieder ins Gleichgewicht bringt. Vielleicht merkst du auch, dass das Gefühl für dich aushaltbar ist, dass es kommen und gehen darf. Es kann auch helfen, die Angst direkt anzusprechen: „Danke, liebe Angst, dass du mich beschützen willst. Ich weiß, dass ich hier in guten Händen bin. Ich vertraue meiner Ärztin. Du kannst jetzt gehen". **Wichtig:** Diese Tipps ersetzen keine professionelle Hilfe.

7.

Das ist doch nicht schlimm.

Die Situation:

Sally kommt nachhause und lässt sie sich mit hochrotem Kopf neben ihrem Bruder Paul auf die Couch fallen. „Du siehst aufgewühlt aus, geht es dir nicht gut?", erkundigt er sich. „Meine Kollegin hat mir vorhin erzählt, dass sie gehört hat, wie ich über sie geredet habe. Das ist mir so peinlich. Ich weiß gar nicht, wie ich ihr morgen gegenübertreten soll." „Ach, Sally, das ist doch nicht schlimm", erwidert Paul.

Es gibt sie zuhauf, die Momente, in denen man am liebsten im Erdboden versinken möchte. Oder besser: die Zeit zurückdrehen und Gesagtes oder Getanes ungeschehen machen will. Das wäre eine sinnvolle Superkraft, oder? Mir ist leider noch niemand begegnet, der das kann. Und so bleibt das ungute Gefühl von Scham oder Schuld zurück und wartet darauf, verarbeitet zu werden – mit hochroten Wangen.

Das ist doch nicht schlimm ist also der lieb gemeinte Rat, die Dinge nicht überzubewerten. Doch woran liegt es, dass wir es manchmal doch tun?

Von Scham und Schuld

Scham und Schuld sind zwei Gefühle, die wir am liebsten vermeiden wollen. Deshalb tun wir proaktiv viel dafür, dass es erst gar nicht zu Situationen kommt, in denen wir uns schämen oder schuldig fühlen könnten. Wir kennen die Regeln, Normen und Erwartungen der Gesellschaft. Wir entschuldigen uns, wenn wir einen Termin nicht einhalten können, kleiden uns angemessen, wenn wir vor die Tür gehen, oder bohren in der Öffentlichkeit nicht in der Nase. Dabei ist das Empfinden von Scham oder Schuld individuell. Was einer Person (oder Personengruppe) peinlich ist, kann einer anderen gleichgültig sein.[14]

Scham- und Schuldgefühle ermöglichen es uns, in der Gemeinschaft zurechtzukommen, ein Bedürfnis, das evolutionsbedingt in uns angelegt ist. Scham und Schuld schützen uns vor sozialer Ausgrenzung. Bei Scham geht es um uns als Person („Ich bin nicht gut genug"), bei Schuld um ein Verhalten oder unterlassenes Verhalten („Ich habe nicht korrekt gehandelt"). Wenn wir uns falsch verhalten haben, können wir uns entschuldigen und Wiedergutmachung leisten. Wenn wir uns schämen, verzweifeln wir an uns als Person. Scham geht mit abwertenden Gedanken und Bewertungen der eigenen Person einher. Ungesunde Scham- und Schuldgefühle können zu starker Selbstkritik, Selbstzweifeln, Grübeln und Selbstablehnung führen. Sie befinden sich auch in unseren negativen Glaubenssätzen und Inneren Antreibern („Ich muss perfekt sein").[15]

Interessant ist, dass ähnliche Situationen von Menschen unterschiedlich bewertet werden: Menschen mit einem stabilen Selbstwertgefühl werden sich eher schuldig fühlen. Menschen, die an sich zweifeln, werden eher Scham empfinden. Scham ist ein Gefühl, das uns blockiert, wir ziehen uns zurück, Schuld hingegen aktiviert uns, wir suchen nach Lösungen.[16]

Lösung für Sally

Sally ärgert sich sehr über sich selbst. Sie hasst es, zu lästern, und doch passiert es, wenn sie mit ihrer Kollegin zusammensteht, die gerne abfällig über andere spricht. Sally hatte schon während des Gesprächs ein ungutes Gefühl. Erwischt worden zu sein, macht es noch schlimmer. Sie schämt sich dafür, weil sie es besser weiß.

Welche Antwort hätte Sally in diesem Moment gebraucht?

Möglichkeit 1:

Sally: „Ich weiß gar nicht, wie ich ihr morgen gegenübertreten soll."
Paul: „Was hast du denn über sie gesagt? Willst du es mir erzählen?"

Möglichkeit 2:

Sally: „Ich weiß gar nicht, wie ich ihr morgen gegenübertreten soll."
Paul: „Warum hast du über sie gesprochen? Hat dich etwas geärgert?"

Möglichkeit 3:

Sally: „Ich weiß gar nicht, wie ich ihr morgen gegenübertreten soll."
Paul: „Du verstehst dich doch wirklich gut mit ihr. Meinst du nicht, dass sie dir verzeihen wird?"

Möglichkeit 4:

Sally: „Ich weiß gar nicht, wie ich ihr morgen gegenübertreten soll."
Paul: „Wollen wir gemeinsam durchspielen, wie du es morgen ansprechen kannst? Dann fällt es dir bestimmt leichter."

Auf diese Weise kann sich Sally von dem einengenden Gefühl der Scham lösen. Darüber zu reden, ermöglicht ihr, die Situation genauer zu betrachten und einen anderen Zugang zu finden. Das Feedback von Paul hilft ihr, die Gedanken und Sorgen einzuordnen. Sie weiß, dass sie sich unwohl fühlt, wenn sie über andere spricht, und kann durch das Analysieren der Situation möglicherweise einen Grund erkennen oder den Blick auf das klärende Gespräch lenken. Sich Fehler einzugestehen, hilft auch, um dem Gegenüber ehrlich sagen zu können: „Das war falsch von mir. Es tut mir leid."

Welche Antwort fällt dir noch ein?

Methode FEHLER SIND HELFER

Oft werten wir Fehler als etwas Schlechtes. Tatsächlich ist es aber so, dass uns Fehler dabei helfen, uns weiterzuentwickeln. Würden wir keine Fehler machen, bliebe alles so, wie es ist. Wenn wir uns in Selbstempathie und Fehlerfreundlichkeit üben, können wir besser mit Situationen umgehen, in denen wir normalerweise Scham oder Schuld empfinden würden. Das bedeutet nicht, dass wir nun jeden Tag über unsere Kollegin sprechen, wenn sie nicht anwesend ist, sondern dass wir verstehen, warum wir uns so verhalten haben, was wir daraus lernen können und dass wir üben, uns selbst zu verzeihen.

Erstelle eine Liste mit drei Spalten: Fehler, Lernerfolg, Helfer

- Spalte 1: An welche Fehler erinnerst du dich, für die du dich geschämt oder schuldig gefühlt hast?
- Spalte 2: Was hast du aus den jeweiligen Fehlern gelernt?
- Spalte 3: Wie sähe dein Leben heute aus, wenn dir diese Fehler nicht passiert wären?

Wie kannst du in Zukunft liebevoller mit dir selbst umgehen, wenn dir Fehler passieren?

8.

Du musst auch mal Nein sagen.

Die Situation:

Malu kommt zu ihrer Kollegin Bea in den Pausenraum und sieht, wie sie gedankenverloren auf ihr Handy blickt. „Schlechte Nachrichten?", fragt Malu. Bea schüttelt den Kopf und erklärt: „Josy hat mich wieder gebeten, auf Jonas aufzupassen. Das ist bereits das dritte Mal diese Woche." „Du bist selbst schuld, Bea, du musst auch mal Nein sagen", kontert Malu.

Anderen einen Gefallen zu tun, wenn sie um Hilfe bitten, ist doch eigentlich etwas Schönes. Zeigt es doch, dass wir einander nicht egal sind und als soziale Wesen füreinander sorgen. Wenn Gefallen für andere überhandnehmen, wir uns durch sie belastet fühlen oder uns ärgern, hören wir oft, wir müssten das auch zum Ausdruck bringen. Das ist gar nicht so einfach, wenn es um geliebte Menschen geht und wir sie nicht verärgern oder kränken möchten oder wenn wir wissen, dass sie auf Unterstützung angewiesen sind. Das Gleiche würden wir auch für Nachbar:innen, die Leitung oder Kolleg:innen tun.

Du musst auch mal Nein sagen ist also der lieb gemeinte Rat, auf sich selbst zu achten und Grenzen zu setzen. Doch warum fällt uns das so schwer?

Ein Nein ist ein Ja zu etwas anderem

Die Einladung zu einem Konzert abzulehnen, den Dienst nicht zu tauschen oder eine Verabredung zu verschieben, weil ein vorheriger Termin länger gedauert hat als gedacht, zählt für viele von uns eher zu den unangenehmen Dingen. Lieber nehmen wir in Kauf, dass wir müde sind, die eigenen Aufgaben nicht erledigt bekommen und von

Termin zu Termin hetzen, als einfach zu sagen: „Es tut
mir leid, das schaffe ich heute nicht" oder auch einfach:
„Nein". Dabei haben wir einen Grund, warum das Bedürfnis, Nein zu sagen, gerade größer ist als das, Ja zu sagen.

Ein Nein wirkt ablehnend, negativ oder auch egoistisch.
Wir machen uns Sorgen, was unser Gegenüber von uns
halten könnte, ob es in Ordnung ist, die Bitte abzulehnen.
Außerdem sind wir damit aufgewachsen, anderen Menschen zu helfen. Wir können doch nicht … oder doch?
Jörg Berger schreibt in „Die Anti-Erschöpfungsstrategie",
dass es uns beispielsweise umgekehrt gar nicht so
schwer fällt, Ja zu einem Partner oder einer Partnerin zu
sagen. Und das, obwohl dieses Ja gleichzeitig ein Nein zu
vielen anderen potenziellen Partner:innen ist.[17] Das ent-
spannte Nein liegt genauso in uns wie ein entspanntes Ja.
Wie gelassen wir mit einem Nein umgehen, hängt von
unserer Bewertung ab.

Hilfreich ist es, sich bewusst zu machen, welches Ja hinter einem Nein liegt:

„Wenn ich heute nicht zum Konzert gehe, kann ich länger
mit meiner Mutter telefonieren. Dafür möchte ich mir
Zeit nehmen, weil mir der Austausch wichtig ist."

„Wenn ich den Dienst nicht tausche, kann ich das leckere
Abendessen kochen, für das ich bereits eingekauft habe.
Ich freue mich schon die ganze Woche darauf."

„Wenn ich Melanie frage, ob wir unsere Besprechung auf morgen verschieben können, kann ich mich besser darauf vorbereiten. Wir reden immer so lange und heute ist mir nicht danach."

Es sind auch unsere Erwartungen oder Befürchtungen, wie ein Nein wirken könnte, die uns davon abhalten, es auszuprobieren. Im Nachhinein stellen wir vielleicht fest: *Das war zwar unangenehm, aber eigentlich gar nicht so schwer.*

Grenzen zu setzen, schützt unser Wohlbefinden, indem wir unsere Bedürfnisse ernst nehmen. Es wird von unserem Gegenüber oft besser auf- und angenommen, als wir vermuten.

Lösung für Bea

Bea fällt es schwer, Bitten abzulehnen. Sie weiß, dass die Mutter einen Grund hat, warum sie Bea fragt. Sie macht sich auch Sorgen um Jonas, der ohnehin schon so unruhig ist. Nein, sagt sie sich, es ist doch wirklich nicht schlimm, nach der Arbeit auf Jonas aufzupassen. Und doch spürt Bea, dass etwas an ihr nagt.

Welche Antwort hätte Bea in dieser Situation geholfen?

Möglichkeit 1:

Bea: „Das ist bereits das dritte Mal diese Woche."
Malu: „Willst du denn nochmal auf Jonas aufpassen oder hast du eigentlich etwas anderes vor?"
Bea: „Ich weiß es nicht." (Pause) „Ich habe eher die Sorge, dass sie mich jetzt dauernd fragt. Wie komme ich aus dieser Nummer wieder raus? Ich will sie nicht enttäuschen."

Möglichkeit 2:

Bea: „Das ist bereits das dritte Mal diese Woche."
Malu: „Ist das okay für dich?"
Bea: „Ich mag Jonas sehr, aber die Wohnung ist so klein und immer unordentlich. Ich fühle mich dort nicht wohl."
Malu: „Wie wäre es denn, wenn Jonas stattdessen zu dir kommt? Du hast doch bestimmt noch Spielzeug im Keller."

Möglichkeit 3:

Bea: „Das ist bereits das dritte Mal diese Woche."
Malu: „Weiß Josy denn, dass du dich damit unwohl fühlst? Vielleicht geht sie davon aus, dass es dir nichts ausmacht."
Bea: „Stimmt, ich gebe ihr nicht das Gefühl, dass es mich stört. Einmal die Woche ist das gut machbar, aber ich bin wirklich froh, wenn ich nach einem langen Arbeitstag mal nichts tun muss."

Möglichkeit 4:

Bea: „Das ist bereits das dritte Mal diese Woche."
Malu: „Wenn du willst, kann ich heute bei Jonas bleiben. Dann hast du Zeit, deine Facharbeit weiterzuschreiben. Was hältst du davon?"
Bea: „Das Angebot nehme ich sehr gerne an, danke."

Auf diese Weise hat Bea die Möglichkeit, innezuhalten und sich zu fragen, was sie an der Situation stört. Sie kann sich überlegen, wie sie das nächste Mal darauf reagiert oder was sie mit Josy konkret besprechen möchte („Kannst du Jonas zu mir bringen?" Oder: „Ein drittes Mal in dieser Woche ist mir zu viel. Kannst du eine andere Lösung finden?").

Welche Antwort fällt dir noch ein?

Methode NEIN SAGEN 

Male deine Hand auf ein Blatt Papier (oder hier auf diese Seite).

Der Daumen steht für: Gründe, Nein zu sagen. Der Zeigefinger steht für: Möglichkeiten, Nein zu sagen. Der Mittelfinger steht für: Menschen, denen du gerne Nein sagen willst. Der Ringfinger steht für: Menschen, die du nicht verletzen willst. Der kleine Finger steht für: den Gewinn, der dir aus einem Nein entsteht. Notiere in der Handfläche, wie du dich fühlen wirst, nachdem du zu etwas Nein gesagt hast. (Diese Übung lässt sich übrigens auch umkehren: Wenn du häufig Nein sagst und üben willst, öfter Ja zu sagen, dann ändere die Aufgaben entsprechend ab.)

9.

Da kannst du nichts machen.

Die Situation:

Anouk trifft ihre ehemalige Kollegin Ela zum Frühstück. Es dauert nicht lange, bis Anouk sich in Rage redet: „Es ist schwer, jeden Tag in die Kita zu gehen und das Gefühl zu haben, dass wir nicht unterstützt werden. Es kann doch nicht sein, dass wir alle wissen, dass sich das Bildungssystem ändern muss und darauf aufmerksam machen, aber nichts passiert. Als ob unsere Botschaften auf taube Ohren stoßen. Das ist so ungerecht." Ela erwidert: „Anouk, es bringt nichts, wenn du dich darüber aufregst. Da kannst du nichts machen."

Wann ist Ärger berechtigt, wann sinnlos? Wo braucht es die Gelassenheit, Dinge hinzunehmen, die man nicht ändern kann, und wo den Mut, sich für Veränderungen einzusetzen? Love it – change it – leave it. Liebe es, ändere es oder lass es hinter dir.

Da kannst du nichts machen ist also der lieb gemeinte Rat, Gedanken und Gefühle zu vermeiden, wenn die Lösung nicht in unserem Einflussbereich liegt. Doch wenn sich etwas ungerecht anfühlt, ist das gar nicht so einfach.

Unser Einflussbereich

Es gibt ihn, einen Bereich in unserem Leben, auf den wir Einfluss haben. In diesem Bereich sind wir Gestalter:innen, Weltverbesser:innen, Optimist:innen. Wir erleben uns als handlungsfähig. Das ist vor allem der Bereich, in dem es um uns selbst geht, also um Entscheidungen, die wir für oder gegen uns treffen – hoffentlich eher *für* uns. Minimalen Einfluss haben wir auf unser Umfeld, auf Freund:innen, Verwandte oder unseren Arbeitsplatz.

Hier treffen wir auf Persönlichkeiten und Umstände, die wir nur indirekt beeinflussen können. Auch wenn mich die Verhaltensweise einer Kollegin stört, liegt es an ihr, ob sie diese ändert – oder nicht. Wenn mein Dienstbeginn um 8.00 Uhr ist, kann ich zwar darum bitten, erst später anzufangen, aber ich bin von der Entscheidung einer anderen Person abhängig, ob mir das ermöglicht wird. Zum Glück tut sich hier bereits viel. Das Wohlergehen der Mitarbeitenden rückt immer mehr in den Fokus, sodass viel mehr Rücksicht auf die Bedürfnisse genommen wird, auch wenn das natürlich noch nicht überall der Fall ist. Und dann gibt es noch den Bereich, auf den wir überhaupt gar keinen Einfluss haben: auf das Wetter beispielsweise, auf die Politik (es sei denn, wir sind politisch engagiert) oder auch den Weltfrieden.

Wir können uns in unserem Bereich für verschiedene Dinge einsetzen, aber auf das große Ganze haben wir keinen Einfluss. Zumindest nicht offensichtlich. Wenn wir uns vorstellen, dass wir alle wie in einem Mobile miteinander verbunden sind, dann hat unser Wirken sehr wohl Einfluss auf das gesamte Konstrukt. Allerdings dauert es eine Weile, bis die Veränderungen, die wir uns jetzt schon sehnlichst wünschen, spürbar werden. Und dann kann es natürlich sein, dass am anderen Ende des Mobiles eine andere Person eine ganz andere Absicht hat und „dagegen schaukelt". Große Veränderungen sind mühsam, manche vielleicht sogar unmöglich – aber deshalb nichts zu tun? Das fühlt sich auch nicht richtig an. Sich also doch ein wenig ärgern? Wenigstens das?

Der Sinn des Ärgerns

Wenn wir uns ärgern, dann fühlen wir uns in irgendeiner Weise gestört. Vielleicht fühlen wir uns angegriffen, gekränkt oder eingeschränkt. Gleichzeitig setzt Ärger viel Energie frei. Konstruktiv genutzt kann Ärger sehr produktiv sein. Destruktiv genutzt verletzt man sich selbst oder andere.[18] Sich über etwas zu ärgern, ist wie ein kurzes *neben der Spur laufen*. Wir haben die Möglichkeit, uns anzuschauen, was uns ärgert. Ist es ein Konflikt, der durch ein Gespräch geklärt werden kann? Ist es eine innere Unruhe, die sich durch Bewegung ausgleichen lässt? Ist es etwas, das dich innerlich oder äußerlich beschäftigt? Oder beides?

In der Aufregung ist es natürlich schwer, vernünftig zu handeln oder überhaupt vernünftige Handlungen in Erwägung zu ziehen. Doch dieser berühmte Raum zwischen Reiz und Reaktion gibt uns Zeit: Zeit, uns zu entscheiden. Wenn wir uns vorstellen, dass wir kurz „neben der Spur" laufen, dann können wir die Situation jetzt von dort aus einschätzen, Möglichkeiten abwägen und in die passende Richtung starten. Das hilft uns dabei, abzukühlen und einen kühlen Kopf zu bewahren. Was wir mit Ärger nicht tun sollten: ihn ignorieren, verdrängen oder herunterschlucken. Denn wie alle Gefühle sendet uns auch der Ärger eine Botschaft und will uns motivieren, das zu verändern, was uns stört.

Lösung für Anouk

Anouk hadert seit einer Weile mit dem Bildungssystem. Sie fragt sich immer häufiger, ob sie dort tätig bleiben will. Diese negative Energie ist deutlich spürbar. Manchmal findet Anouk keinen positiven Anreiz mehr für ihre Tätigkeit. Sie ist innerlich sehr angespannt und ihre Gedanken kreisen hauptsächlich um dieses Thema.

Welche Antwort hätte dazu beigetragen, dass sich Anouk verstanden fühlt?

Möglichkeit 1:

Anouk: „Als ob unsere Botschaften auf taube Ohren stoßen. Das ist so ungerecht."
Ela: „Ja, mir geht es auch so. Ich habe heute von einer neuen Initiative gehört, die sich an die Träger wendet, um sie mit ins Boot zu holen. Hast du davon schon gehört?"

Möglichkeit 2:

Anouk: „Als ob unsere Botschaften auf taube Ohren stoßen. Das ist so ungerecht."
Ela: „Was ist, wenn es genau so ist, wie du sagst, und die Botschaften tatsächlich auf taube Ohren stoßen? Welche Botschaft braucht es dann, damit die entsprechenden Personen zuhören?"

Möglichkeit 3:

Anouk: „Als ob unsere Botschaften auf taube Ohren stoßen. Das ist so ungerecht."
Ela: „Was könnte dir dabei helfen, dass es dir wieder leichter fällt, deine Arbeit zu machen?"

Möglichkeit 4:

Anouk: „Als ob unsere Botschaften auf taube Ohren stoßen. Das ist so ungerecht."
Ela: „Wen genau meinst du damit? Vielleicht kannst du
die Personen in die Kita einladen, um über konkrete
Maßnahmen zu sprechen oder um sie auf andere Weise
zu informieren."

Auf diese Weise kann sich Anouk von zu allgemeinen
Aussagen lösen und genauer hinschauen: Was genau
stört mich und was kann ich dafür tun, damit es mir besser geht? So lenkt sie ihre Aufmerksamkeit wie einen Ball
zurück in ihr eigenes Feld. Das große Gefühl der Ohn-
macht weicht dem Fokus auf Lösungen.

Welche Antwort fällt dir noch ein?

Methode CIRCLE OF INFLUENCE

Es gibt einen Bereich, auf den wir Einfluss haben. Nach Stephen R. Covey[19] gibt es den „Circle of Influence", den Kreis des direkten Einflusses. Ergänzend dazu gibt es den „Circle of Concern", den Kreis des indirekten Einflusses. Diese beiden umschließend liegt der „Circle of no Concern", der Bereich, den wir nicht beeinflussen können. Wenn du dir diese drei Kreise aufzeichnest, kannst du deine Gedanken aussortieren und auf die entsprechenden Kreise verteilen. So kannst du dir bewusst machen, worauf und wie du Einfluss nehmen kannst. Es hilft auch dabei, deine Aufmerksamkeit und Energie auf diese Punkte zu lenken.

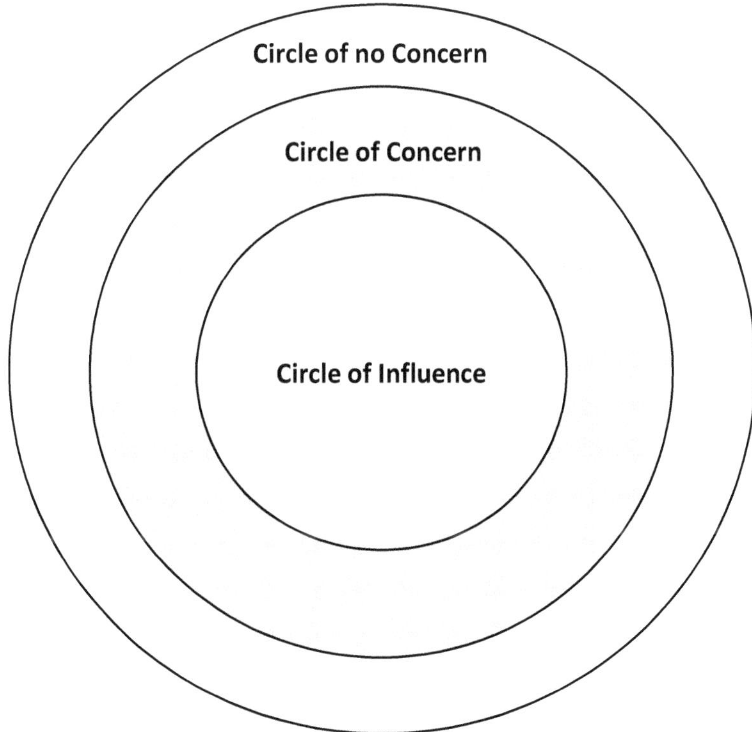

„„

Mir imponieren nur Ratschläge und Grundsätze, die der Ratgebende selbst beherzigt.

Rosa Luxemburg

10.
Hör auf dein Herz.

Die Situation:

Meine Freundin Zoe erzählt mir von ihrem neuen Freund. Sie berichtet, wie schön alles ist, und dass er bald beruflich für vier Monate nach Spanien gehen wird. Er hat sie gefragt, ob sie mitgehen will. „Soll ich ihn begleiten?", fragt sie mich. Ohne nachzudenken, erwidere ich: „Hör auf dein Herz", und schiebe immerhin noch die Frage hinterher: „Was sagt es dir?". Sie hätte das Thema sicherlich nicht angesprochen, wenn sie bereits gewusst hätte, wie sie reagieren soll. Mein Kommentar ist überhaupt nicht hilfreich oder zielführend. Das merke ich allerdings erst, als sie achselzuckend und mit Tränen in den Augen antwortet: „Das weiß ich nicht".

Hör auf dein Herz ist also der lieb gemeinte Rat, den eigenen Gefühlen zu vertrauen. Was aber, wenn der Verstand ganz anderer Meinung ist?

Der Einfluss des Inneren Teams

Wir stellen uns oft vor, dass der Verstand vernünftig oder plausibel ist und das Herz eher für die Gefühlsebene verantwortlich ist. Der Verstand fragt vielleicht: „Na ja, meinst du denn, das hält mit euch beiden? Ist das Risiko, vier Monate Urlaub zu nehmen, nicht viel zu groß?" Während das Herz fröhlich blubbert: „Ja, auf jeden Fall, mach das doch. Das wird sicher großartig!"

Nun sind es aber nicht nur zwei Meinungen, die sich wie Schwarz und Weiß gegenüberstehen. Dazwischen liegen unzählige weitere Meinungen. Wir wägen ab: „Ich könnte ja erst einmal zwei Monate bleiben und spontan verlängern". Oder: „Mit einem offenen Rückflugticket könnte ich auch früher zurückkommen, falls es nicht passt". Und dann ist da vielleicht noch die Stimme, die sagt: „Bist du dir sicher, dass du die Stelle behalten kannst? Was ist, wenn der Chef das nur so sagt?"

Dann gibt es ja auch das Bauchgefühl. Wenn also die Fakten zeigen, dass etwas sinnvoll ist, und auch das Herz zustimmt, dann kann das Bauchgefühl zum Schluss kommen: „Nein, da stimmt was nicht. Ich habe dabei kein gutes Gefühl." Und, schwupps, meldet sich die Intuition.

Wir haben häufig mehr als zwei Stimmen, die mit uns reden. Ihnen zuzuhören, ist anstrengend, denn die Meinungen können grundverschieden sein. Das kann dazu führen, dass wir vor lauter Gedanken gar nicht mehr wissen, was wir jetzt am besten tun sollen.

Sorgen sind wie Wolken

Sorgen sind keine guten Ratgeber. Sie sind wie Wolken, die sich über uns ausbreiten, ohne klar zu signalisieren, ob es nun regnen wird oder nicht. Sie verdunkeln den Himmel und beschweren uns. Wenn sie weiterziehen, schauen wir ihnen überrascht hinterher: „Es hat ja gar nicht geregnet." Vielleicht haben wir vorsorglich den Regenschirm eingepackt, denn „man weiß ja nie". Und wenn es regnet, sind wir entweder froh, dass wir den Schirm *sicherheitshalber* eingepackt haben, oder wir ärgern uns darüber, dass wir genau das nicht getan haben.

Sorgen senden uns eindrucksvolle Wenn-Dann-Szenarien. Gleichzeitig hindern sie uns daran, ins Machen überzugehen, sie bremsen uns aus. Denn vieles ist möglich: Die Zeit in Spanien könnte für Zoe traumhaft werden, sie könnte merken, wie gut sie sich mit allen versteht, dass die Sonnenuntergänge besonders schön sind und die Entscheidung, mitzugehen, sinnvoll war. Natürlich könnte es auch anders kommen: Spanien könnte ihr gefallen, aber die Beziehung zu ihrem Freund kriselt. Oder umgekehrt, die Beziehung festigt sich und sie wird mit der spanischen Mentalität nicht warm. Es gibt so viele Möglichkeiten.

Es fällt uns schwer, uns auf etwas einzulassen, wenn wir nicht einschätzen können, wie es ausgehen wird. Vor allem, wenn es um große Entscheidungen geht. Was hindert uns daran, etwas Neues zu versuchen und den Weg zu genießen? Es muss gar nicht darum gehen, wie etwas ausgeht, sondern was wir auf dem Weg alles (über uns) erfahren und lernen. Mit der Entscheidung, etwas Neues zu probieren, wagen wir uns auf neues Terrain. Wir entdecken Orte und Menschen, die uns dabei helfen, uns weiterzuentwickeln. Und wer weiß, es könnte ja auch einfach gut sein und uns Spaß machen.

Fragen, die wir uns stellen können, sind:

- Wie würde sich der mutige Teil in mir entscheiden?
- Woran würde ich merken, dass die Entscheidung richtig/falsch ist?
- Steht „Ich weiß nicht" für ein Nein, das ich mich nicht traue, auszusprechen?[20]
- Lasse ich mich von Sorgen leiten?
- Was hält mich davon ab, Ja zu sagen?

Lösung für Zoe

Zoe weiß nicht, wie sie reagieren soll. Einerseits findet sie die Idee, Sascha zu begleiten, sehr verlockend, andererseits ist sie ein sicherheitsorientierter Mensch. Um vier Monate nach Spanien zu gehen, muss sie diese Sicherheit aufgeben und etwas Unbekanntes wagen. Ihre Zweifel sind groß.

Welche Antwort hätte Zoe geholfen, ihre Gedanken und Gefühle einzuordnen?

Möglichkeit 1:

Zoe: „Soll ich ihn begleiten?"
Ich: „Lass uns mal alle Punkte sammeln, die dafür oder dagegen sprechen. Hast du einen Notizblock?"

Möglichkeit 2:

Zoe: „Soll ich ihn begleiten?"
Ich: „Lass uns das mal durchspielen: Wie sieht dein Leben nach den vier Monaten aus, wenn du mitgehst? Und wie sieht dein Leben aus, wenn du es nicht tust?"

Möglichkeit 3:

Zoe: „Soll ich ihn begleiten?"
Ich: „Schließ die Augen." (Pause) „Du läufst durch Valencia. Es ist noch warm draußen. Die Menschen sitzen in den Cafés und Restaurants. Du nimmst wahr, wie angeregt sie sich unterhalten. Ein Lächeln huscht über dein Gesicht. Es geht dir gut. – Was löst dieses Bild in dir aus?"

Möglichkeit 4:

Zoe: „Soll ich ihn begleiten?"
Ich: „Was hält dich davon ab, Ja zu sagen? Was musst du vorher geklärt wissen, um diese Entscheidung treffen zu können?"

Auf diese Weise kann Zoe ihre Bedenken konkretisieren und ihnen den erforderlichen Raum zur Klärung geben. Wenn sie danach immer noch unentschlossen ist, passt die Idee vielleicht nicht zu ihr und sie sagt Sascha ab. Um dies ohne schlechtes Gewissen tun zu können, kann es für sie hilfreich sein, vorher alle Punkte zu klären.

Welche Antwort fällt dir noch ein?

Methode DATE MIT DEM INNEREN TEAM

Die Idee, dass wir alle über ein Inneres Team verfügen, stammt von Friedemann Schulz von Thun.[21] Dabei nimmt jedes Teammitglied eine andere Perspektive ein, um zur Lösung eines Problems beizutra-gen. Die vielen inneren Stimmen arbeiten nicht gegen, sondern eigentlich für uns. Es sieht nur zunächst nicht so aus. Daher ist es sinnvoll, diesen Perspektiven Raum zu geben, damit sie gehört werden können. Auf diese Weise kristallisiert sich heraus, was die wichtigsten Anliegen oder Sorgen sind. Diese können dann der Reihe nach bearbeitet werden.

Aus wie vielen Personen besteht dein Inneres Team? Schreibe sie auf ein Blatt Papier. Das Team hat eine Leitung. Setze diese in die Mitte. Lass nun jedes Teammitglied zu Wort kommen. Versetze dich in die Rolle hinein und notiere einen Leitsatz oder eine Leitfrage, mit der sich diese Person ausgiebig befasst. Wiederhole das für die anderen Teammitglieder. Zum Schluss nimmst du die Rolle der Leitung ein. Was würde diese Person jedem Mitglied antworten?

Zum Beispiel:

„Ich verstehe deine Bedenken. Wenn ich die Wohnung für vier Monate vermieten könnte, wären die Kosten gedeckt."

„Wenn ich merke, dass es mit Sascha nicht klappt, kann ich trotzdem in Spanien bleiben, wenn es mir gut gefällt, oder früher zurückkommen. Das ist kein Problem."

Auf diese Weise nimmst du die Gedanken ernst und gibst dir Sicherheit durch eine gründliche Vorbereitung und Planung. Du kannst verschiedene Möglichkeiten durchspielen und abwägen, um alle Optionen zu kennen. Es ist nicht möglich, alles im Voraus zu bedenken, und darum geht es auch nicht. Es nimmt dir aber die großen Sorgen oder Unsicherheiten.

Vielleicht merkst du, dass dein „Ich weiß nicht" eigentlich ein Nein ist. Vielleicht merkst du, dass es zu einem Ja wird, wenn du das Innere Team angehört hast. Vielleicht wird es auch zu einem „Ich probiere es einfach mal aus". Denn: Was ist das Schlimmste, was passieren kann?

Hier passt auch die **Methode 10-10-10**: Wie wirst du dich in 10 Minuten, 10 Monaten und 10 Jahren fühlen, wenn du dich a) dafür oder b) dagegen entscheidest?

5 Tipps für wirklich gute Ratschläge

1. Zuhören

Welches Bedürfnis äußert mein Gegenüber? Möchte die Person einen Rat oder reicht es ihr, dass ich zuhöre?

2. Einfühlen

Welches Bedürfnis habe ich gerade? Habe ich Vorurteile oder das Gefühl, es hier besser zu wissen? Könnte ich vorschnell mein Bedürfnis über das Bedürfnis meines Gegenübers stellen?

3. Nachfragen

„Darf ich dir einen Rat geben?" (Antwort abwarten)

4. Konstruktiven Rat geben

Was hilft der Person jetzt gerade wirklich weiter? Ist das, was ich ihr sagen möchte, für sie im Moment hilfreich?

5. Wissenslücken eingestehen

Wir können nicht alles wissen. Manchmal reicht es auch, zu sagen: Ich bin für dich da, auch wenn ich gerade keinen Rat geben kann.

Beim Rat geben geht es nicht um uns, sondern um die Person, der wir einen Rat geben möchten.

10 beliebte Ratschläge im Umgang mit Kindern

Es gibt natürlich nicht nur die Ratschläge, die wir als Erwachsene miteinander teilen, sondern auch die, die wir an Kinder weitergeben. Schnell haben wir den passenden Spruch parat – aber ist er immer hilfreich? Ich habe ein paar Situationen notiert. Was meinst du: Reagieren wir hier angemessen auf das Bedürfnis des Kindes?

1. Leonie kommt weinend zur Fachkraft Fabiola und streckt die Arme nach ihr aus. Fabiola erwidert:
   „Du musst deine Probleme selbst lösen."

2. Nico stolpert über den Bordstein und fällt hin. Er reibt sein Knie. Sein Vater Jan ermutigt ihn, weiterzuspielen:
   „Das hat doch nicht wehgetan."

3. Merve weint, als ihre Mutter die Einrichtung verlässt. Fachkraft Tessa bückt sich zu ihr:
   „Hör auf zu weinen, sie kommt doch bald wieder."

4. Jessy liest den Kindern eine Geschichte vor. Als es um eine dunkle Höhle und ein Gespenst geht, erschrickt Liam. Jessy meint es gut, als sie sagt:
   „Das ist doch nicht gruselig."

5. Leon und Miguel streiten sich um ein Spielzeug. Leon fängt an, Miguel zu schlagen. Miguel bittet seine Tante Joanna um Hilfe:
   „Ihr seid doch schon groß. Macht das unter euch aus."

6. Als Amelie aufsteht, um die Pinsel zum Waschbecken zu bringen, stößt sie an das Wasserglas. Es kippt um und das Wasser verteilt sich auf dem Tisch und dem Boden. „Oh nein", sagt Amelie.
„Pass doch auf!", ruft Fachkraft Mattis ihr zu.

7. Sandra klettert im Garten. Als sie später ins Haus kommt, zeigt sie ihrer Mutter Tine das Loch in den Leggings. Tine blickt sie mahnend an, als sie sagt:
„Warum hast du dich nicht umgezogen? Das weißt du doch besser."

8. Theo ist unentschlossen. Will er nun mit den anderen Kindern draußen spielen oder lieber allein im Gruppenraum bleiben? Er wechselt nach draußen und merkt, dass es dort viel zu warm für ihn ist. Als er zur Tür zurückläuft, meint Fachkraft Pia:
„Das hättest du dir vorher überlegen müssen."

9. Janis sitzt nach drei Stunden immer noch an seinen Hausaufgaben. „Ich kann nicht mehr", sagt er leise, als seine Mutter nach ihm schaut.
„Du bist selbst schuld. Hättest du auf mich gehört und früher angefangen."

10. Frederick liebt Nudeln mit Tomatensoße. Nachdem er die Nudeln aufgegessen hat, leckt er die Schüssel mit der Zunge aus. Fachkraft Denise schaut ihn verärgert an: **„Das macht man nicht."**

Unser Umgang mit Ratschlägen ist ähnlich, egal ob wir mit Erwachsenen oder mit Kindern reden. Bei Kindern schwingt häufig ein erzieherischer oder maßregelnder Ton mit, die Ausgangslange ist jedoch gleich:

Uns beschäftigt etwas, das von anderen bewertet wird, oft ohne, dass diese Personen darüber nachdenken, ob das für uns in diesem Moment sinnvoll ist.

Auch bei Kindern können wir darauf achten, was sie uns mitteilen und was sie gerade von uns brauchen, um sich ernst genommen und gut begleitet zu fühlen.

Welche Sätze fallen dir noch ein und was würde Kindern in diesen Momenten wirklich helfen?

Platz für deine Notizen:

93

Lass die Kirche im Dorf.

Das kannst du doch besser.

Hör auf zu träumen.

Du musst dich mal entscheiden.

Das wird schon wieder.

Blamier dich nicht.

Du machst doch eh, was du willst.

Mach doch deswegen kein Fass auf.

REG DICH NICHT AUF.

Hak es einfach ab.

Nimm dir doch nicht immer alles
so zu Herzen.

Denk nicht so viel nach.

Du musst dich nur trauen.

Das tut doch nicht weh.

Du musst Grenzen setzen.

Stell dich doch nicht so an.

Das weißt du selbst am besten.

Tanz doch nicht immer aus der Reihe.

Du hast deine Gefühle nicht im Griff.

Übertreib doch nicht.

Quellen

[1] Vgl. Duden (2024): Ratschlag.
www.duden.de/rechtschreibung/Ratschlag (letzter Zugriff:
29.2.2024).
[2] Vgl. Bender, S. (2014): Die Axiome von Paul Watzlawick.
https://www.paulwatzlawick.de/axiome.html (letzter Zugriff:
18.3.2024).
[3] Vgl. Schulz von Thun Institut (o. A.): das
Kommunikationsquadrat. www.schulz-von-thun.de/die-
modelle/das-kommunikationsquadrat (letzter Zugriff:
25.2.2024).
[4] Vgl. Friess, D. (2023): Grübeln und negative Gedanken
stoppen. Wie ihr das Gedankenkarussell verstehen und
anhalten könnt.
www.ardalpha.de/wissen/psychologie/gruebeln-stoppen-
gruebelzwang-gedankenkarussell-gedanken-nachdenken-
100.html (letzter Zugriff: 12.2.2024).
[5] Vgl. Karst, V. (2023): Vom Sinn der Angst. Wie Ängste sich
festsetzen und wie sich verwandeln lassen. Freiburg: Herder,
S. 28.
[6] Stewart, I. & Joines, V. (2023): Die Transaktionsanalyse. Eine
Einführung. Freiburg: Herder, S. 243; 256.
[7] Vgl. Mai, J. (2023): Komfortzone verlassen: 12 einfache
Tipps für den Alltag. www.karrierebibel.de/komfortzone-
verlassen/ (letzter Zugriff 25.2.2024).
[8] Vgl. Kuschik, K. (2023): 50 Sätze, die das Leben leichter
machen. 16. Auflage. Hamburg: Rowohlt, S. 23–27.
[9] Vgl. Burns. L. (2020): Elisabeth Kübler-Ross: The rise and fall
of the five stages of grief. www.bbc.com/news/stories-
53267505 (letzter Zugriff: 20.2.2024).
[10] Vgl. Harris, R. (2013): Wer dem Glück hinterherrennt, läuft
daran vorbei. Ein Umdenkbuch. München: Goldmann, S. 78.

[11] Kielon, K. (2020): Realisten sind langfristig die glücklicheren Menschen. www.mdr.de/wissen/gluecklich-sein-optimisten-realisten-pessimisten-studie100.html (letzter Zugriff 7.1.2024).

[12] Vgl. Ebd.

[13] Vgl. Kast, V. (2023): Vom Sinn der Angst. Wie Ängste sich festsetzen und wie sie sich verwandeln lassen. Freiburg: Herder, S. 306 f.

[14] Vgl. Lammers, M. & Ohls, I. (2017): Mit Schuld, Scham und Methode. Ein Selbsthilfebuch, S. 10.

[15] Vgl. Heller, L. & Doerne, A. (2023): Befreiung von Scham und Schuld. Alte Überlebensstrategien auflösen und Lebenskraft gewinnen. 5. Auflage. München: Kösel, S. 19–22.

[16] Vgl. Lammers, M. & Ohls, I. (2017): Mit Schuld, Scham und Methode. Ein Selbsthilfebuch, S. 23; 27.

[17] Vgl. Berger, J. (2023): Die Anti-Erschöpfungsstrategie. 7 Wege zu innerer Kraft. Freiburg: Herder, S. 102.

[18] Vgl. Kast, V. (2023): Vom Sinn des Ärgers. Anreiz zu Selbstbehauptung und Selbstentfaltung. Freiburg: Herder, S. 21.

[19] Vgl. Covey, S. R. (2020): The 7 Habits of Highly Effective People. London: Simon & Schuster, S. 88 f.

[20] Vgl. Kuschik, K. (2023): 50 Sätze, die das Leben leichter machen. 16. Auflage. Hamburg: Rowohlt, S. 136–141.

[21] Vgl. Schulz von Thun Institut: das Innere Team. www.schulz-von-thun.de/die-modelle/das-innere-team (letzter Zugriff 12.2.2024).

Lieb gemeint, aber nicht immer passend:

- LASS DOCH EINFACH LOS.

- DU MUSST DEINE KOMFORTZONE VERLASSEN.

- REIß DICH ZUSAMMEN.

- DU MUSST DOCH JETZT MAL WISSEN, WAS DU WILLST.

- SIEH ES POSITIV.

- DAS IST DOCH NICHT SCHLIMM.

- DU MUSST AUCH MAL NEIN SAGEN.

- HÖR AUF DEIN HERZ.

- DA KANNST DU NICHTS MACHEN.

- HAB KEINE ANGST.

10 Situationen, 10 beliebte Ratschläge – und was wirklich hilft.

Lena Schneider ist leidenschaftliche Frühpädagogin, ambitionierte Autorin und furchtlose Expertin lieb gemeinter Ratschläge. Loslassen zählt dagegen nicht zu ihren Stärken.

€ 14,-
ISBN 978-3-7597-4359-6

Rosemarie Stampa

Analytische Psychotherapeutin für Kinder und Jugendliche, Atem- und Körpertherapeutin für Erwachsene, 20 Jahre Lehrbeauftragte an einer Fachhochschule für Sozialarbeit in München.

Rosemarie Stampa schreibt hier über das Singen. Das Singen vertieft unsere Atmung und kann uns dadurch gesünder machen.

Das Singen geistlicher Lieder kann uns die Seele öffnen und ermöglicht eine tiefe Hingabe zu Gott, zu unseren Mitmenschen und zu uns selbst, im Sinne von Augustinus: „Wer singt, betet doppelt". Ich wünsche Ihnen durch das Singen der geistlichen Lieder eine tiefe Freude, die aus Ihrem Inneren kommt und Sie stärkt im Alltag oder bei Krankheit oder bei seelischen Problemen. Möge es so sein! Ich wünsche Ihnen viel Freude beim Singen, was sie auch immer singen mögen.

9 783757 892142